Tre vant carambole: Lite bordområde sirkel mønstre

Fra profesjonelle mesterskapsturneringer

Test deg selv mot profesjonelle spillere

Allan P. Sand
PBIA Sertifisert Biljard Instruktør

ISBN 978-1-62505-324-4
PRINT 7x10

ISBN 978-1-62505-488-3
PRINT 8.5x11

First edition

Published by Billiard Gods Productions.
Santa Clara, CA 95051
U.S.A.

For the latest information about books and videos, go to: http://www.billiardgods.com

Acknowledgements
Wei Chao created the software that was used to create these graphics.

Innholdsfortegnelse

Other books by the author …

    3 Cushion Billiards Championship Shots (a series)

    Carom Billiards: Some Riddles & Puzzles

    Carom Billiards: MORE Riddles & Puzzles

    Why Pool Hustlers Win

    Table Map Library

    Safety Toolbox

    Cue Ball Control Cheat Sheets

    Advanced Cue Ball Control Self-Testing Program

    Drills & Exercises for Pool & Pocket Billiards

    The Art of War versus The Art of Pool

    The Psychology of Losing – Tricks, Traps & Sharks

    The Art of Team Coaching

    The Art of Personal Competition

    The Art of Politics & Campaigning

    The Art of Marketing & Promotion

    Kitchen God's Guide for Single Guys

Introduksjon

Dette er en av en rekke Carom Biljardbøker som viser hvordan profesjonelle spillere tar avgjørelser, basert på tabelloppsettet. Alle disse layoutene er fra internasjonale konkurranser.

Disse oppsettene legger deg inne i spillerenes hode, som begynner med ballposisjonene (vist i første tabell). Den andre tabelloppsettet viser hva spilleren bestemte seg for å gjøre.

Om bordoppsettene

Dette er de tre ballene på bordet:

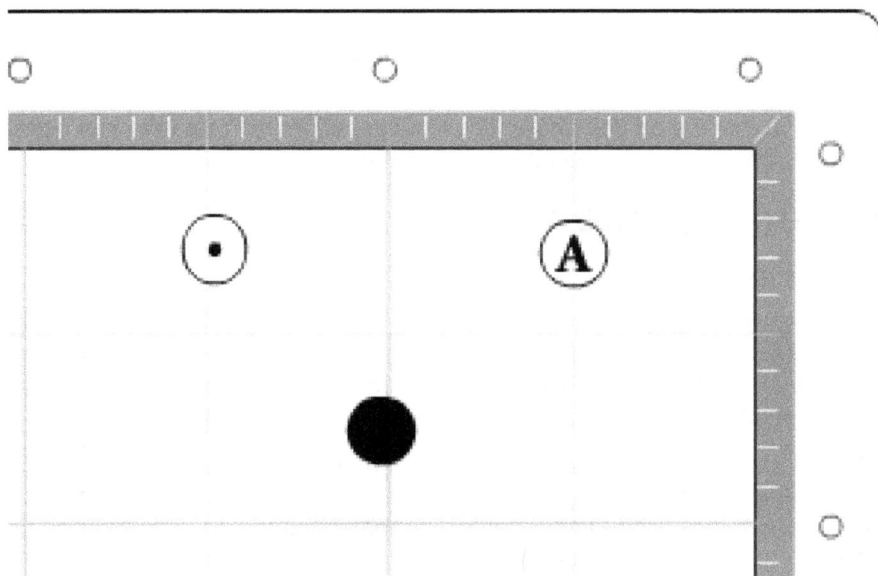

Ⓐ (CB) (biljardkulen din)

⊙ (OB) (motstander biljardball)

● (OB) (rød biljardball)

Hver konfigurasjon har to tabelloppsett. Den første tabellen er ballposisjonene. Det andre bordet er hvordan ballene beveger seg på bordet.

Tabelloppsett

Bruk papirbindingsringer for å merke ballposisjonene (kjøp hos enhver kontorforretning).

Plasser en mynt ved hver pute som den (CB) vil berøre.

Sammenlign din (CB) -bane med den andre tabellkonfigurasjonen. For å lære kan det hende du trenger flere forsøk. Etter hver feil, foreta justering og prøv igjen.

Formål med layoutene

Disse oppsettene er gitt for to formål.

- Din analyse - Hjemme kan du vurdere hvordan du spiller konfigurasjonen på den første tabellen. Sammenlign dine ideer til selve mønsteret på den andre tabellen. Tenk på løsningen, og vurder alternativer. Fra det andre bordet kan du også analysere hvordan du følger mønsteret. Mentalt spiller skudd og bestemmer hvordan du kan lykkes.

- Øv tabellkonfigurasjonen - Legg ballene på plass, i henhold til den første tabellkonfigurasjonen. Prøv å skyte på samme måte som det andre bordmønsteret. Du må kanskje ha mange forsøk før du finner den riktige måten å spille på. Slik lærer du og spiller disse skuddene under konkurranser og turneringer.

Kombinasjonen av mental analyse og praktisk praksis vil gjøre deg til en smartere spiller.

A: 1/4 bord

(CB) beveger seg innenfor en fjerdedel av bordområdet. Den (CB) kommer av den første (OB) og inn i den lange vant, den korte vant og den motsatte lange vant. Deretter kontakter (CB) den andre (OB).

(A) (CB) (biljardkule) - ⊙ (OB) (motstander billiardball) - ● (OB) (rød biljardball)

A: Gruppe 1

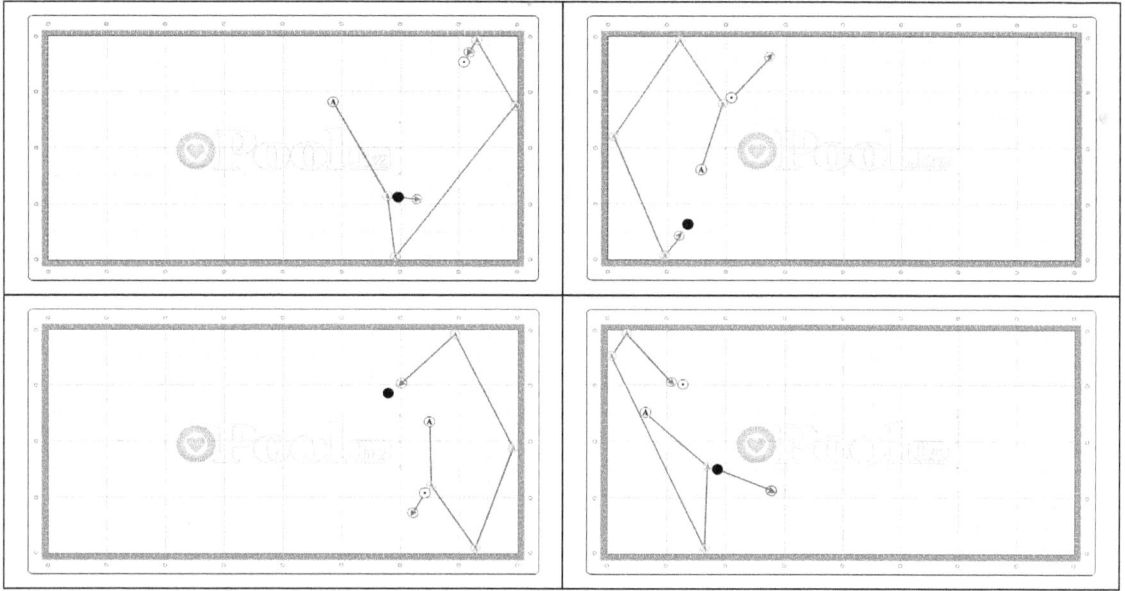

Analyse:

A:1a. _____

A:1b. _____

A:1c. _____

A:1d. _____

A:1a – Setup

Notater og ideer:

Skudd mønster

A:1b – Setup

Notater og ideer:

Skudd mønster

C:1c – Setup

Notater og ideer:

Skudd mønster

A:1d – Setup

Notater og ideer:

Skudd mønster

A: Gruppe 2

Analyse:

A:2a. _____

A:2b. _____

A:2c. _____

A:2d. _____

A:2a – Setup

Notater og ideer:

Skudd mønster

A:2b – Setup

Notater og ideer:

Skudd mønster

A:2c – Setup

Notater og ideer:

Skudd mønster

A:2d – Setup

Notater og ideer:

Skudd mønster

A: Gruppe 3

Analyse:

A:3a. _____

A:3b. _____

A:3c. _____

A:3d. _____

A:3 – Setup

Notater og ideer:

Skudd mønster

A:3b – Setup

Notater og ideer:

Skudd mønster

A:3c – Setup

Notater og ideer:

Skudd mønster

A:3d – Setup

Notater og ideer:

Skudd mønster

B: 1/8 tabell

Den (CB) reiser inn i en liten åttende av bordområdet.

Ⓐ (CB) (biljardkule) - ⊙ (OB) (motstander billiardball) - ⬤ (OB) (rød biljardball)

B: Gruppe 1

Analyse:

B:1a. _____

B:1b. _____

B:1c. _____

B:1d. _____

B:1a – Setup

Notater og ideer:

Skudd mønster

B:1b – Setup

Notater og ideer:

Skudd mønster

B:1c – Setup

Notater og ideer:

Skudd mønster

B:1d – Setup

Notater og ideer:

Skudd mønster

B: Gruppe 2

Analyse:

B:2a. _____

B:2b. _____

B:2c. _____

B:2d. _____

B:2a – Setup

Notater og ideer:

Skudd mønster

B:2b – Setup

Notater og ideer:

Skudd mønster

B:2c – Setup

Notater og ideer:

Skudd mønster

B:2d – Setup

Notater og ideer:

Skudd mønster

C: Kving ballen fremover

Etter at (CB) kontakter det første (OB), (CB) toppspinnet, styrker ballen fremover inn i mønsteret.

(A) (CB) (biljardkule) - (•) (OB) (motstander billiardball) - ● (OB) (rød biljardball)

C: Gruppe 1

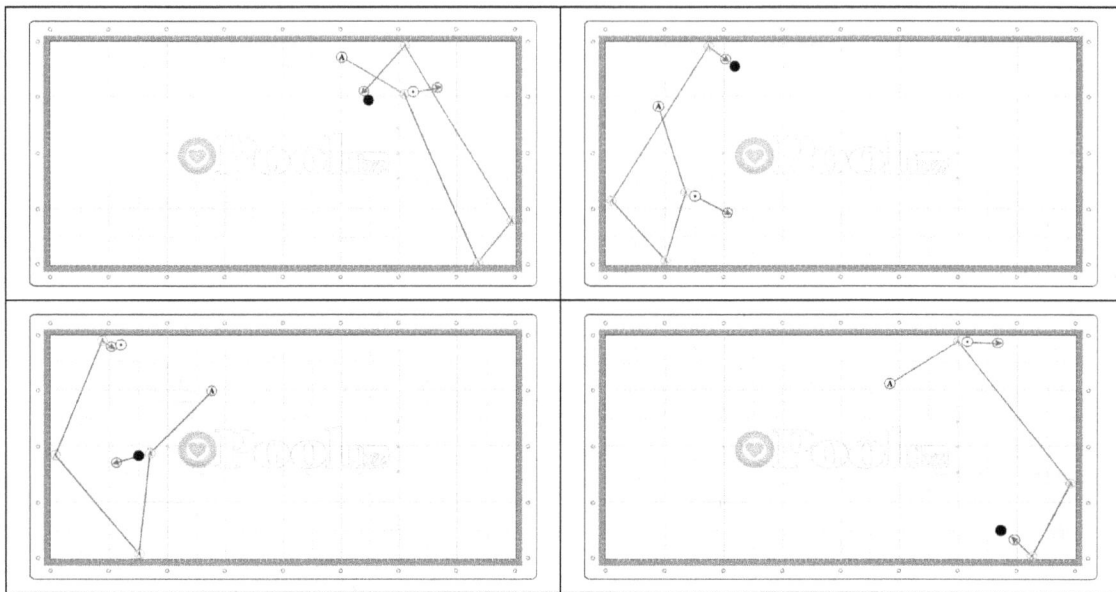

Analyse:

C:1a. _____

C:1b. _____

C:1c. _____

C:1d. _____

C:1a – Setup

Notater og ideer:

Skudd mønster

C:1b – Setup

Notater og ideer:

Skudd mønster

C:1c – Setup

Notater og ideer:

Skudd mønster

C:1d – Setup

Notater og ideer:

Skudd mønster

C: Gruppe 2

Analyse:

C:2a. _____

C:2b. _____

C:2c. _____

C:2d. _____

33

C:2a – Setup

Notater og ideer:

Skudd mønster

C:2b – Setup

Notater og ideer:

Skudd mønster

C:2c – Setup

Notater og ideer:

Skudd mønster

C:2d – Setup

Notater og ideer:

Skudd mønster

37

D: Innsiden bakover

Den (CB) kommer av den første (OB) med en kombinasjon av side og revers spin.

Ⓐ (CB) (biljardkule) - ⊙ (OB) (motstander billiardball) - ⬤ (OB) (rød biljardball)

D: Gruppe 1

Analyse:

D:1a. _____

D:1b. _____

D:1c. _____

D:1d. _____

38

D:1a – Setup

Notater og ideer:

Skudd mønster

D:1b – Setup

Notater og ideer:

Skudd mønster

D:1c – Setup

Notater og ideer:

Skudd mønster

D:1d – Setup

Notater og ideer:

Skudd mønster

D: Gruppe 2

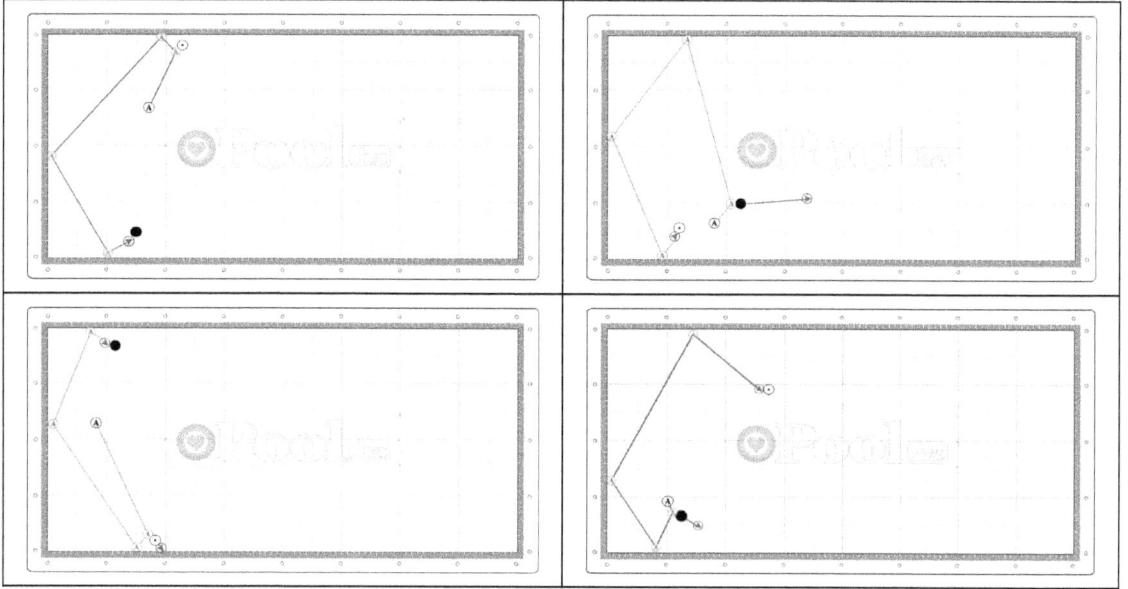

Analyse:

D:2a. _____

D:2b. _____

D:2c. _____

D:2d. _____

D:2a – Setup

Notater og ideer:

Skudd mønster

D:2b – Setup

Notater og ideer:

Skudd mønster

D:2c – Setup

Notater og ideer:

Skudd mønster

D:2d – Setup

Notater og ideer:

Skudd mønster

E: Første ben (utvidet)

Den (CB) reiser lang avstand for å komme til den første (OB).

(A) (CB) (biljardkule) - ⊙ (OB) (motstander billiardball) - ● (OB) (rød biljardball)

E: Gruppe 1

Analyse:

E:1a. _____

E:1b. _____

E:1c. _____

E:1d. _____

E:1a – Setup

Notater og ideer:

Skudd mønster

E:1b – Setup

Notater og ideer:

Skudd mønster

E:1c – Setup

Notater og ideer:

Skudd mønster

E:1d – Setup

Notater og ideer:

Skudd mønster

E: Gruppe 2

Analyse:

E:2a. _____

E:2b. _____

E:2c. _____

E:2d. _____

E:2a – Setup

Notater og ideer:

Skudd mønster

E:2b – Setup

Notater og ideer:

Skudd mønster

E:2c – Setup

Notater og ideer:

Skudd mønster

E:2d – Setup

Notater og ideer:

Skudd mønster

E: Gruppe 3

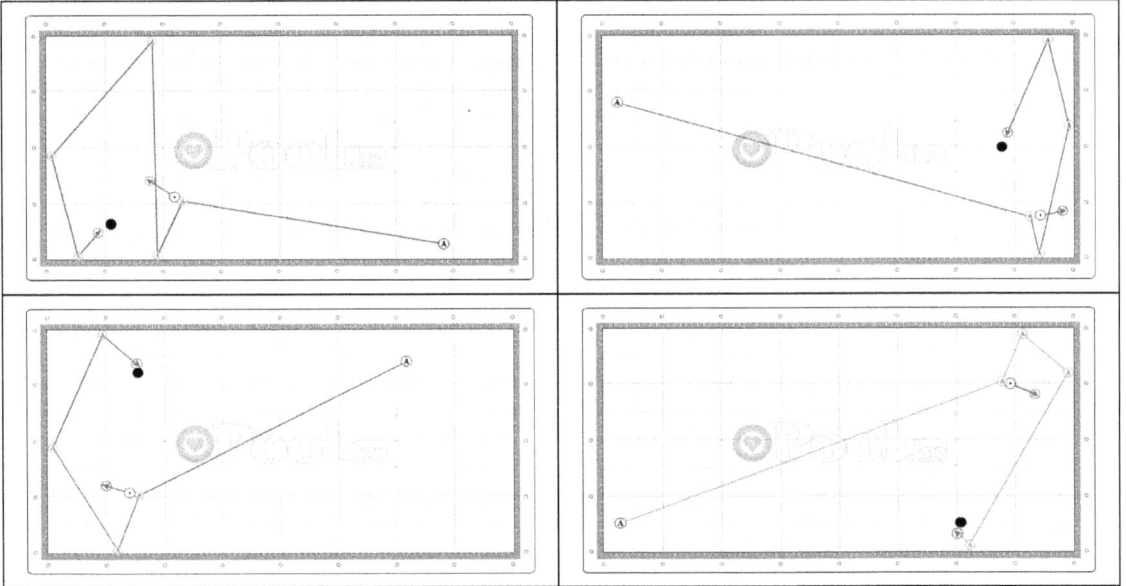

Analyse:

E:3a. _____

E:3b. _____

E:3c. _____

E:3d. _____

E:3a – Setup

Notater og ideer:

Skudd mønster

E:3b – Setup

Notater og ideer:

Skudd mønster

E:3c – Setup

Notater og ideer:

Skudd mønster

E:3d – Setup

Notater og ideer:

Skudd mønster

F: Tredje bein (utvidet)

Etter at (CB) kommer av den første (OB), går den inn i den lange vant. Den går inn i den korte vant og den lange vant, og kjører deretter en lang avstand til den andre (OB).

(A) (CB) (biljardkule) - ☉ (OB) (motstander billiardball) - ⬤ (OB) (rød biljardball)

F: Gruppe 1

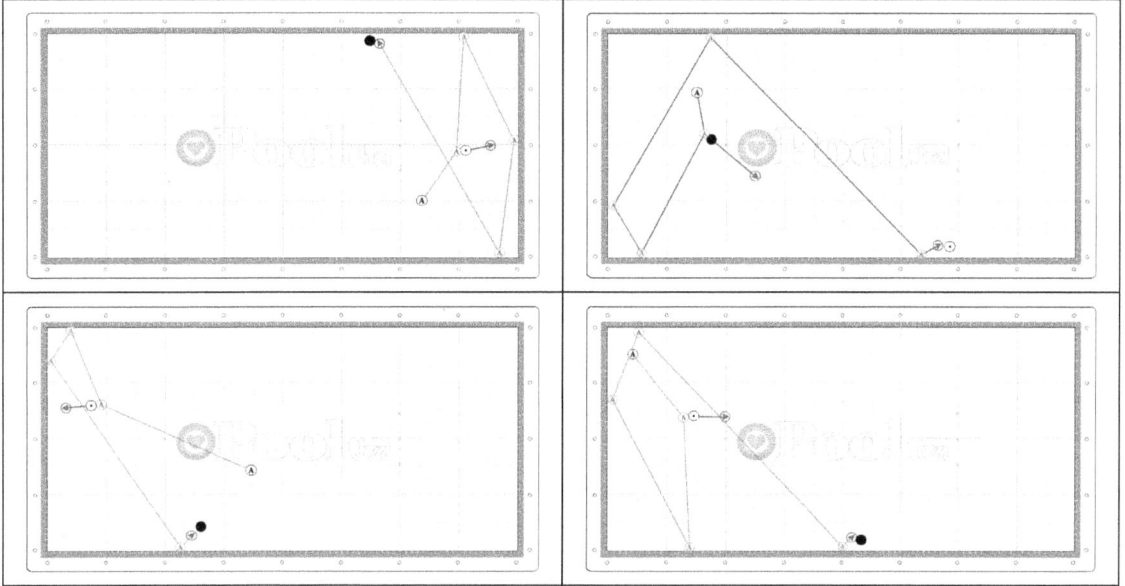

Analyse:

F:1a. _____

F:1b. _____

F:1c. _____

F:1d. _____

F:1a – Setup

Notater og ideer:

Skudd mønster

F:1b – Setup

Notater og ideer:

Skudd mønster

F:1c – Setup

Notater og ideer:

Skudd mønster

F:1d – Setup

Notater og ideer:

Skudd mønster

F: Gruppe 2

Analyse:

F:2a. _____

F:2b. _____

F:2c. _____

F:2d. _____

F:2a – Setup

Notater og ideer:

Skudd mønster

F:2b – Setup

Notater og ideer:

Skudd mønster

F:2c – Setup

Notater og ideer:

Skudd mønster

F:2d – Setup

Notater og ideer:

Skudd mønster

F: Gruppe 3

Analyse:

F:3a. _____

F:3b. _____

F:3c. _____

F:3d. _____

F:3a – Setup

Notater og ideer:

Skudd mønster

F:3b – Setup

Notater og ideer:

Skudd mønster

F:3c – Setup

Notater og ideer:

Skudd mønster

F:3d – Setup

Notater og ideer:

Skudd mønster

www.ingramcontent.com/pod-product-compliance
Lightning Source LLC
Chambersburg PA
CBHW062053090426
42740CB00016B/3121